AF295689

L 27
35475.

NOTICE HISTORIQUE

SUR L'HÉROISME

DE

Madame BÉNARD

dont le portrait est placé

AU MUSÉE DE LA VILLE DE SENS

(Yonne)

C'est en bravant la mort, qu'elle sauva la ville

NOTICE HISTORIQUE

SUR L'HÉROISME

DE

MADAME BÉNARD

dont le portrait est placé

AU MUSÉE DE LA VILLE DE SENS

(Yonne)

C'est en bravant la mort, qu'elle sauva la ville

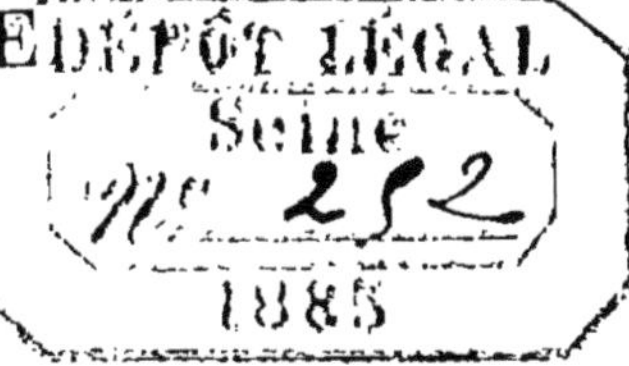
DÉPÔT LÉGAL
Seine
N° 252
1885

Ln 27/1
35475

Paris, le 22 novembre 1884.

A Monsieur le Maire de la Ville de Sens (Yonne).

MONSIEUR LE MAIRE,

Lors d'un récent voyage, que je fis à Sens, pour visiter la tombe de notre grand'mère, et voir son portrait placé dans le Musée, Monsieur le Conservateur de votre Musée m'a dit que des documents au sujet des médailles et de l'état civil de Madame Bénard lui faisaient défaut. Je lui ai offert de lui envoyer tous les renseignements que possède la famille.

Je le fais avec d'autant plus de plaisir, que je suis heureux de compléter ce que mon père a fait de son vivant.

J'ai donc l'honneur de vous faire parvenir, au nom de la famille :

1° L'état civil de notre grand'mère ;

2° Un récit succinct des actes de courage, de dévouement et de patriotisme accomplis par elle, avec la copie d'une délibération du Conseil Municipal de la Ville de Sens en 1814, et mention des faits qui s'y rattachent.

Veuillez agréer, Monsieur le Maire, l'expression de mes sentiments les plus distingués.

VASSAL,

Un des petits-fils de Madame Bénard.

ÉTAT CIVIL de Madame Bénard, dont le Musée de la Ville de Sens possède le portrait et les médailles honorifiques décernées à Madame Bénard par le Roi Louis XVIII.

Marie-Anne Pierron, épouse de M. Bénard :

Née à Sens (Yonne) en 1766.

Fille de Jean Pierron, marchand à Sens, demeurant en cette ville, Grande-Rue, paroisse Sainte-Colombe. Et de Anne Jolly.

Mariée à Sens en août 1782, à Alexandre-François Bénard, marchand orfèvre à Sens, Conseiller municipal en cette ville, y demeurant rue Dauphine, n° 57;

Lequel Bénard était fils de Pierre-Michel, orfèvre à Sens, et de Marie-Anne Béranger.

Décédée à Sens et inhumée le 28 juillet 1823 dans le cimetière de cette ville (partie nord-est du carré J).

Son mari, M. Bénard, décédé également à Sens, a été inhumé le 3 août 1821, dans le cimetière de cette ville (partie centre du carré B).

Sur la demande faite, le 19 juin 1839, par la famille, une concession de 50 ans a été accordée dans le cimetière de Sens, pour les deux sépultures, à la date du 21 juin 1839.

Et le prix de ces deux concessions a été payé par la

famille, représentée par M. Gourié et par M. Poisson, son mandataire.

Du mariage ont survécu deux enfants :

Honorine, qui s'est mariée avec M. Alexandre Gourié ;

Marie-Adélaïde, qui s'est mariée avec M. Pierre-François-Alexandre Vassal.

Les deux filles et les deux gendres sont décédés, laissant des enfants, petits-enfants et arrière-petits-enfants.

Petits-enfants de Madame Bénard actuellement existants:

Madame Veuve Guenet, née Honorine Gourié ;

Monsieur Auguste Gourié ;

Monsieur Alexandre-Ernest Vassal.

NOTICE RELATIVE

AUX

MÉDAILLES DÉCERNÉES A TITRE HONORIFIQUE

A

MADAME BÉNARD

et

A LA POSSESSION DE CES MÉDAILLES

Par le Musée de la Ville de Sens

En 1814, les 11 février et 3 avril, les alliés mirent le siège devant la ville de Sens.

Les habitants prirent les armes et combattirent si vaillamment, que l'ennemi ne put se rendre maître de la ville aussi promptement qu'il le supposait.

Quelques bourgeois furent faits prisonniers les armes à la main.

Il fut résolu, dans le camp ennemi, que tous les habitants seraient passés au fil de l'épée.

Malgré une défense héroïque, la ville succombait.

C'est alors que Madame Bénard, malgré les larmes de son époux et de ses enfants, malgré prières et supplications, s'arracha de leurs bras et se dévoua pour le salut de ses concitoyens.

Bravant la mort, et à travers les obus et les balles, dont quelques-unes atteignirent son chapeau, elle traversa les rues de la ville et parvint jusqu'au prince de Wurtemberg, au moment où ce prince allait entrer dans la ville, à la tête de ses troupes, furieuses d'avoir été tenues en échec et d'une résistance si opiniâtre.

Elle se jeta aux genoux du prince et demanda grâce pour les habitants, et la ville menacée d'une exécution militaire.

Sens a dû son salut à l'attendrissement qu'inspirèrent à ce prince une si touchante intercession et un si beau trait de patriotisme et de courage.

Ces faits ont été l'objet d'une délibération prise le 8 juin 1814 par le Conseil Municipal de la Ville de Sens, pour consacrer le souvenir du courage et du dévouement au-dessus de tout éloge dont fit preuve Madame Bénard.

Ce qui est attesté en ces termes, dans une pièce authentique portant le sceau de la Ville de Sens et délivrée le 17 février 1815 par Monsieur C. de Laurencin, Maire de Sens.

Le roi Louis XVIII, informé du trait héroïque de Madame Bénard, et sur le rapport du ministre de sa Maison chargé des récompenses et des décorations à décerner, fit remettre, avec une lettre flatteuse, la collection des médailles frappées depuis son retour en France, à Madame Bénard, comme un titre d'honneur dû à son dévouement, et un témoignage de satisfaction pour une conduite et des sentiments si honorables.

MINISTÈRE
de la
ISON DU ROI

RES ET DÉCORATIONS

COPIE EXACTE DE LA LETTRE

qui se trouve au dos du

PORTRAIT DE MADAME BÉNARD

Paris, le 28 novembre 1815.

J'ai eu l'honneur, madame, de mettre sous les yeux du Roi les preuves du dévouement et du courage dont vous avez donné un exemple si honorable dans une circonstance où la ville de Sens, votre patrie, paraissait menacée d'une destruction inévitable. Sa Majesté en a été sensiblement touchée, ainsi que de l'attachement et de la fidélité que vous avez manifestés, dans tous les temps, pour son auguste famille, et qu'attestent les soins religieux et français que vous avez donnés aux restes précieux de Monseigneur le Dauphin et de Madame la Dauphine, lors de leur exhumation.

Vos sentiments et votre conduite méritant un témoignage public de la satisfaction du Roi, Sa Majesté m'a ordonné de vous remettre une suite des médailles frappées depuis son retour en France.

C'est une marque de bienveillance et un titre d'honneur dus aux actions qui vous distinguent comme Française et comme fidèle sujette.

J'ai l'honneur d'être, madame, votre très humble et très obéissant serviteur.

Le Directeur ayant le portefeuille,

Signé : Comte DE PRADEL.

Madame Bénard, née Pierron.

ONDISSEMENT

de

SENS

—

RIE DE SENS

—

AME BÉNARD

—

COPIE EXACTE DE LA DÉLIBÉRATION
DU CONSEIL MUNICIPAL DE LA VILLE DE SENS

DÉPARTEMENT DE L'YONNE

Extrait du registre des délibérations du Conseil Municipal de la Ville de Sens.

Cejourd'hui, huit juin mil huit cent quatorze,

Le Conseil Municipal réuni en session ordinaire,

Un de ses membres a dit :

Occupés, depuis le mois de janvier dernier, des suites malheureuses de la guerre, qui pendant près de trois mois a dévasté notre ville et notre arrondissement;

Pour la première fois, *le deux juin* présent mois, à l'ouverture de la session ordinaire et annuelle, vous avez pu vous livrer à la douce satisfaction d'offrir un témoignage distingué de votre reconnaissance à la personne qui, dans ces circonstances désastreuses, vous a donné des preuves de son courage et de son dévouement; je viens de nouveau, aujourd'hui, vous rappeler des services importants ; et déjà, messieurs, vous savez tous que je veux parler de Madame Bénard.

Vous retracer, messieurs, les événements qui suivirent la première entrée des Wurtembergeois dans la ville, c'est renouveler des douleurs. Cependant, je ne puis vous taire l'héroïsme de Madame Bénard, qui, seule, au milieu du carnage, osa, pour le salut de tous, braver les baïonnettes et la mort pour fléchir un vainqueur irrité.

Mais, messieurs, de nouveaux dangers nous menaçaient encore : pour la seconde fois, nous fûmes exposés à une résistance inutile, et nous faillîmes en être les victimes.

Depuis vingt-quatre, heures les boulets et les obus tombaient de toutes parts, et déjà le feu s'était manifesté dans plusieurs endroits, lorsque de nouveau Madame Bénard conçut le projet généreux de se dévouer pour sauver la ville ; elle franchit les barrières d'une de ses portes, se rendit au camp du général qui commandait les troupes alliées, lui démontra que les habitants ne prenaient aucune part à la résistance qu'on lui opposait, et qu'au contraire leurs vœux l'appelaient au milieu d'eux. C'est ainsi qu'elle parvint à le calmer et que, dès cet instant, il fit cesser le feu.

Ce dévouement, messieurs, mérite non seulement des éloges, mais encore un témoignage éclatant de votre reconnaissance.

Sur quoi, ouï le rapport, la matière mise en délibération,

Le Conseil Municipal,

Considérant qu'il est de toute justice d'honorer le courage et l'intrépidité de Madame Bénard, et voulant reconnaître, au nom des habitants, d'une manière éclatante et durable, les services qu'elle leur a rendus et à la ville,

Arrête :

Que pendant sa vie, la dame Bénard est, et sera dispensée de logement de gens de guerre;

Pour quoi, il en sera fait mention sur le rôle des logements, avec cette apostille en marge :

« Exempte, pour services rendus à la ville. »

Et qu'expédition de la présente délibération lui sera transmise par Messieurs Billebault, adjoint, pour la vacance du maire, Pelée de

Saint-Maurice, et Miron, députés à cet effet par le Conseil.

Fait et arrêté en conseil général, lesdits jour et an, huit juin mil huit cent quatorze.

Le 6 décembre 1815, Madame Bénard fut présentée au roi par M. le duc de Duras, et Sa Majesté lui dit :

« Je suis très sensible, madame, à votre fidé-
« lité et à vos belles actions ; elles sont de nature
« à ne pas être oubliées, et je vous en remercie
« bien sincèrement. »

Trois jours après, elle fut également pré-sentée par Mme la duchesse de Serent à S. A. R. Madame la duchesse d'Angoulême, dont voici les paroles :

« Voilà Madame Bénard, que je félicite de
« toutes ses belles actions ; elle s'est comportée
« comme un ange. Veuillez en recevoir les té-
« moignages de ma satisfaction. »

Ces deux présentations, ainsi que les paroles prononcées, sont relatées dans le *Moniteur* du

11 décembre 1815 et dans un almanach historique publié à Paris, en 1816, où se trouve un récit détaillé intitulé : « Trait héroïque d'une dame de Sens. »

La lettre accompagnant l'envoi des médailles comme distinction honorifique, ainsi que les médailles, restèrent en possession des membres de la famille, à titre précieux de respectueux souvenir du courage et du patriotisme de leur aïeule.

Mais, après la mort des deux filles de Madame Bénard, M. Vassal, l'un des deux gendres de celle-ci, offrit, pour le Musée de la Ville de Sens, la lettre ainsi que les médailles.

Le 20 décembre 1862, M. Daligand, Maire de la Ville de Sens, écrivit à M. Vassal :

J'accepte, avec la plus grande reconnaissance, l'hommage que vous voulez bien faire, à la Ville de Sens, des médailles offertes le 6 décembre 1815, par le Roi Louis XVIII, à Madame Bénard, en souvenir de sa belle action.

Je leur donnerai une place d'honneur, à côté du portrait, que nous conservons religieusement, de cette digne et courageuse femme.

Puis, le 20 mars 1863, M. Daligand écrivit de nouveau à M. Vassal :

J'ai l'honneur de vous accuser réception de l'envoi que vous avez bien voulu me faire, en votre nom et au nom de la famille de Madame Bénard, pour la Bibliothèque de la Ville de Sens, de neuf médailles en argent, offertes par le roi Louis XVIII à cette courageuse dame, en récompense de son dévouement pour la Ville de Sens.

Je me suis empressé de prescrire les mesures pour faire placer ces médailles autour du portrait de Madame Bénard, et assurer la conservation de ce précieux souvenir.

Veuillez agréer l'expression de ma vive reconnaissance pour vous et votre famille, et recevoir, Monsieur.....

PARIS. — IMPRIMERIE CHARLES BLOT, RUE BLEUE, 7.

PARIS. — IMPRIMERIE CHARLES BLOT

RUE BLEUE, 7

BIBLIOTHEQUE NATIONALE DE FRANCE

3 7502 00640422 2

www.ingramcontent.com/pod-product-compliance
Ingram Content Group UK Ltd.
Pitfield, Milton Keynes, MK11 3LW, UK
UKHW020109100726
13658UKWH00005B/2066